Impressum
Verlag: BABADADA GmbH, Nedderfeld 112 , 22529 Hamburg
Geschäftsführer / Verlagsleitung: Harald Hof
Druck: Books on Demand GmbH, In de Tarpen 42, 22848 Norderstedt

Imprint
Publisher: BABADADA GmbH, Nedderfeld 112 , 22529 Hamburg, Germany
Managing Director / Publishing direction: Harald Hof
Print: Books on Demand GmbH, In de Tarpen 42, 22848 Norderstedt, Germany

学校

Schule

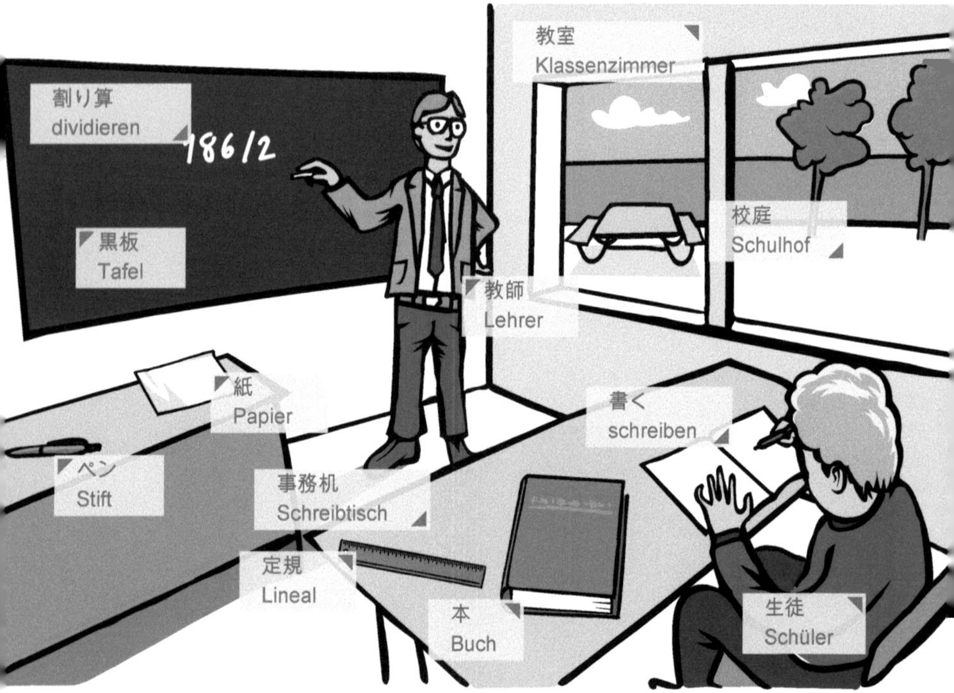

教室
Klassenzimmer
割り算
dividieren
186/2
黒板
Tafel
校庭
Schulhof
教師
Lehrer
紙
Papier
書く
schreiben
ペン
Stift
事務机
Schreibtisch
定規
Lineal
本
Buch
生徒
Schüler

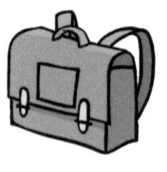

ランドセル

Ranzen

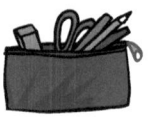

筆入れ

Federmappe

鉛筆

Bleistift

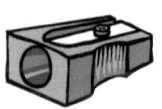

鉛筆削り

Bleistiftanspitzer

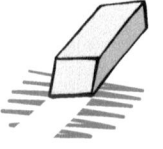

消しゴム

Radiergummi

スケッチブック

Zeichenblock

スケッチ
Zeichnung

絵筆
Pinsel

絵の具箱
Malkasten

はさみ
Schere

接着剤
Klebstoff

練習帳
Übungsheft

宿題
Hausaufgabe

12

数
Zahl

2+2

足し算
addieren

5-2

引き算
subtrahieren

2×2

かけ算
multiplizieren

計算する
rechnen

A

文字
Buchstabe

**ABCDEFG
HIJKLMN
OPQRSTU
VWXYZ**

アルファベット
Alphabet

hello

単語
Wort

テキスト

Text

読む

lesen

チョーク

Kreide

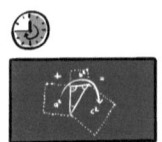

授業

Stunde

学級日誌

Klassenbuch

試験

Prüfung

通知表

Zeugnis

制服

Schuluniform

教育

Ausbildung

百科事典

Lexikon

大学

Universität

顕微鏡

Mikroskop

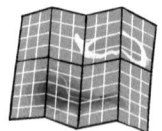

地図

Karte

ごみ箱

Papierkorb

旅行

Reise

ホテル
Hotel
Grand
ホステル
Herberge
ROOMS
両替所
Wechselstube
スーツケース
Koffer
自動車
Auto

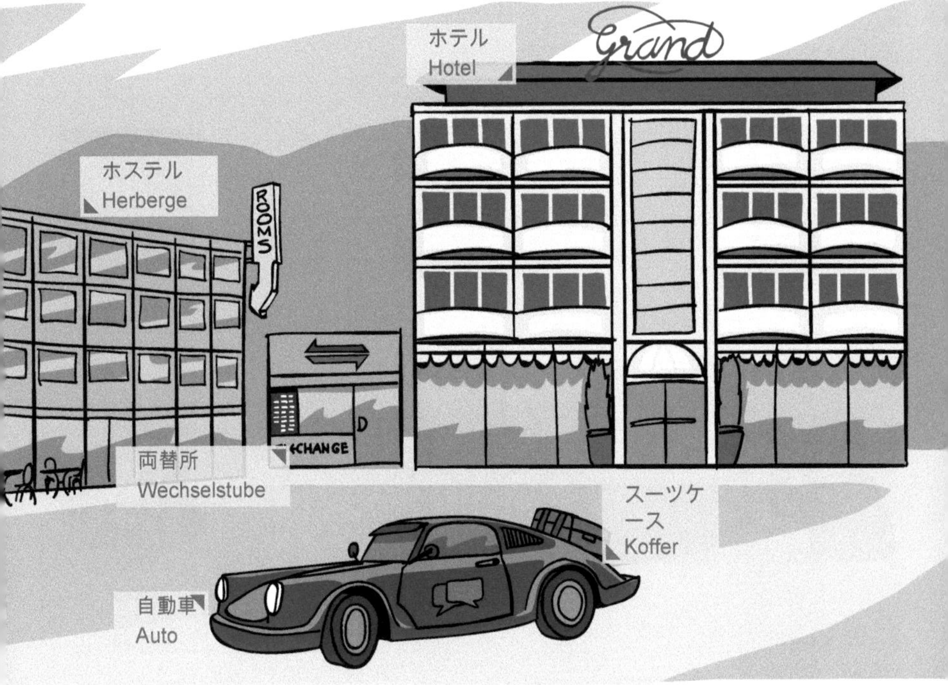

言語

Sprache

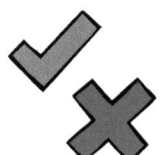

はい / いいえ

ja / nein

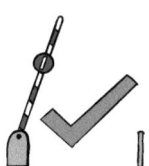

問題ない

Okay

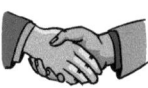

ハロー

Hallo

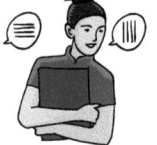

翻訳者

Übersetzer

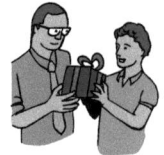

ありがとう

Danke

…はいくらですか？

Was kostet…?

わかりません

Ich verstehe nicht

問題

Problem

こんばんは！

Guten Abend!

おはようございます！

Guten Morgen!

おやすみなさい！

Gute Nacht!

さようなら

Auf Wiedersehen

方向

Richtung

手荷物

Gepäck

バッグ

Tasche

リュックサック

Rucksack

お客様

Gast

部屋

Zimmer

寝袋

Schlafsack

テント

Zelt

旅行者情報

Touristeninformation

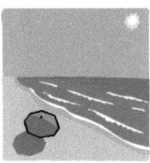

ビーチ

Strand

クレジットカード

Kreditkarte

朝食

Frühstück

昼食

Mittagessen

夕食

Abendessen

チケット

Fahrkarte

エレベーター

Fahrstuhl

スタンプ

Briefmarke

境界

Grenze

税関

Zoll

大使館

Botschaft

ビザ

Visum

パスポート

Pass

Transport

飛行機
Flugzeug

船
Schiff

消防車
Feuerwehrauto

バス
Bus

トラック
Lastwagen

モーターボート
Motorboot

自転車
Fahrrad

自動車
Auto

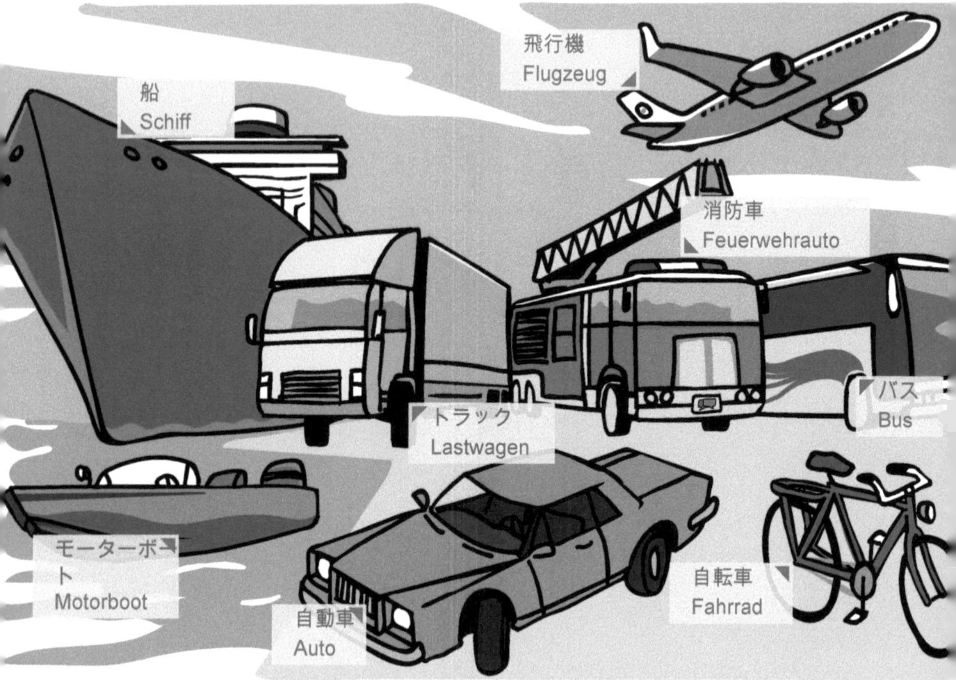

フェリー
Fähre

ボート
Boot

バイク
Motorrad

パトカー
Polizeiauto

レーシングカー
Rennauto

レンタカー
Mietwagen

カーシェアリング

Carsharing

レッカー車

Abschleppwagen

ごみ収集車

Müllauto

モーター

Motor

燃料

Kraftstoff

ガソリンスタンド

Tankstelle

交通標識

Verkehrsschild

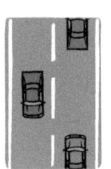

交通

Verkehr

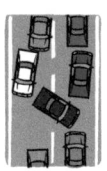

渋滞

Stau

駐車場

Parkplatz

駅

Bahnhof

道

Schienen

列車

Zug

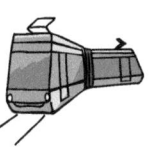

路面電車

Straßenbahn

車両

Wagon

ヘリコプター

Helikopter

空港

Flughafen

タワー

Tower

乗客

Passagier

コンテナ

Container

段ボール箱

Karton

カート

Karren

カゴ

Korb

離陸 / 着陸

starten / landen

都市

Stadt

村

Dorf

都心

Stadtzentrum

家

Haus

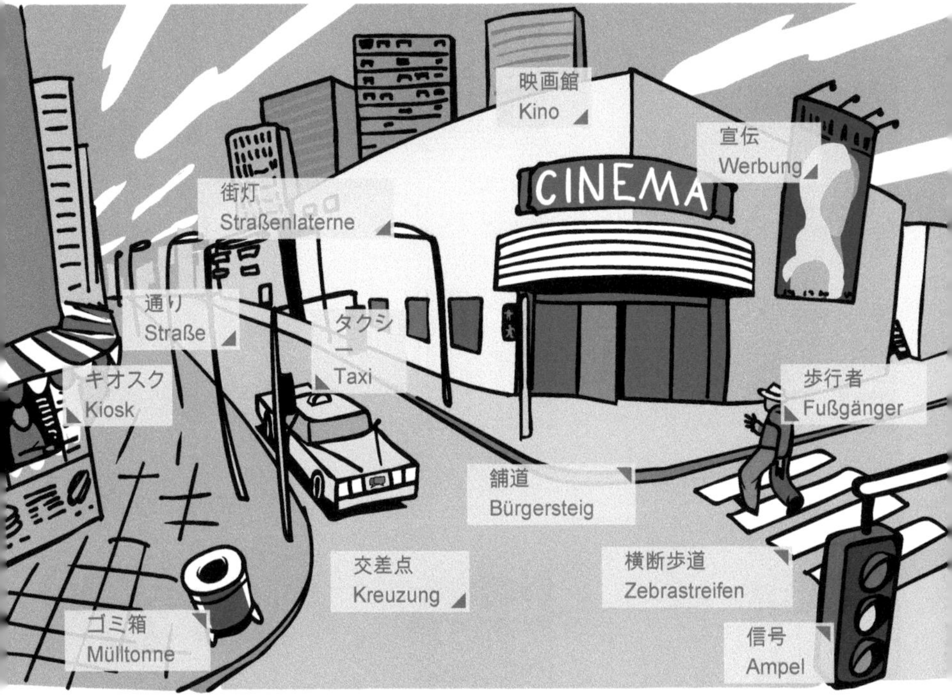
映画館
Kino
宣伝
Werbung
CINEMA
街灯
Straßenlaterne
通り
Straße
タクシー
Taxi
キオスク
Kiosk
歩行者
Fußgänger
舗道
Bürgersteig
交差点
Kreuzung
横断歩道
Zebrastreifen
ゴミ箱
Mülltonne
信号
Ampel

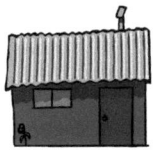

小屋

Hütte

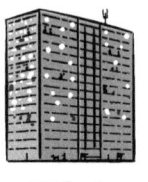

アパート

Wohnung

駅

Bahnhof

市役所

Rathaus

MUSEUM

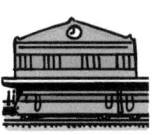

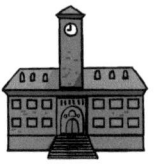

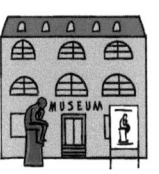

美術館

Museum

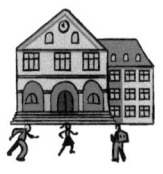

学校

Schule

大学
Universität

銀行
Bank

病院
Krankenhaus

ホテル
Hotel

薬局
Apotheke

オフィス
Büro

書店
Buchhandlung

ショップ
Geschäft

花屋
Blumenladen

スーパーマーケット
Supermarkt

市場
Markt

デパート
Kaufhaus

魚屋
Fischhändler

ショッピングセンター
Einkaufszentrum

港
Hafen

公園
Park

ベンチ
Bank

橋
Brücke

階段
Treppe

地下鉄
U-Bahn

トンネル
Tunnel

バス停
Bushaltestelle

バー
Bar

レストラン
Restaurant

ポスト
Briefkasten

道路標識
Straßenschild

パーキングメーター
Parkuhr

動物園
Zoo

スイミングプール
Badeanstalt

モスク
Moschee

農場

Bauernhof

汚染

Umweltverschmutzung

墓地

Friedhof

教会

Kirche

遊び場

Spielplatz

寺

Tempel

風景
Landschaft

葉
Blatt

道標
Wegweiser

道
Weg

草地
Wiese

石
Stein

木
Baum

ハイカー
Wanderer

川
Fluss

草
Gras

花
Blume

谷
Tal

山
Berg

湖
See

森
Wald

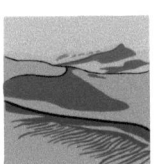

砂漠
Wüste

火山
Vulkan

城
Schloss

虹
Regenbogen

キノコ
Pilz

ヤシの木
Palme

蚊
Moskito

ハエ
Fliege

蟻
Ameise

ミツバチ
Biene

クモ
Spinne

カブトムシ

Käfer

蛙

Frosch

リス

Eichhörnchen

ハリネズミ

Igel

ウサギ

Hase

フクロウ

Eule

鳥

Vogel

白鳥

Schwan

雄豚

Wildschwein

鹿

Hirsch

ヘラジカ

Elch

ダム

Staudamm

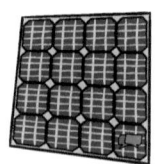

風力タービン

Windrad

ソーラーパネル

Solarmodul

気候

Klima

レストラン
Restaurant

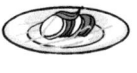

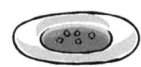

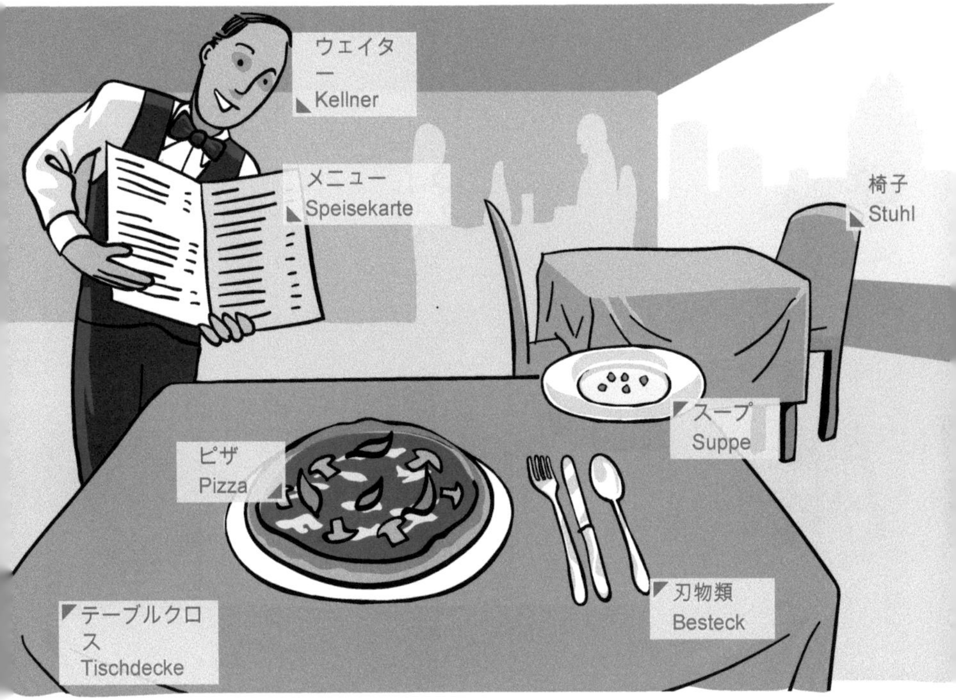

ウェイター
Kellner
メニュー
Speisekarte
椅子
Stuhl
スープ
Suppe
ピザ
Pizza
刃物類
Besteck
テーブルクロス
Tischdecke

前菜

Vorspeise

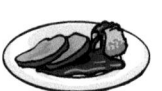

メインコース

Hauptgericht

デザート

Nachspeise

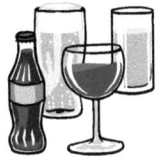

飲み物

Getränke

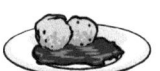

食べ物

Essen

ボトル

Flasche

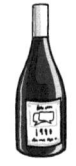

ファストフード

Fastfood

屋台の食べ物

Streetfood

ティーポット

Teekanne

砂糖入れ

Zuckerdose

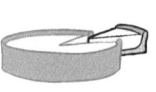

一人前

Portion

エスプレッソマシン

Espressomaschine

幼児用食事椅子

Hochstuhl

請求書

Rechnung

トレー

Tablett

ナイフ

Messer

フォーク

Gabel

スプーン

Löffel

ティースプーン

Teelöffel

ナプキン

Serviette

グラス

Glas

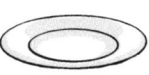

皿
Teller

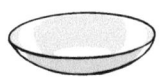

スープ皿
Suppenteller

受け皿
Untertasse

ソース
Sauce

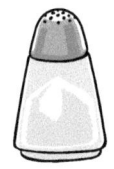

塩入れ
Salzstreuer

ペッパーミル
Pfeffermühle

酢
Essig

油
Öl

スパイス
Gewürze

ケチャップ
Ketchup

マスタード
Senf

マヨネーズ
Mayonnaise

スーパーマーケット
Supermarkt

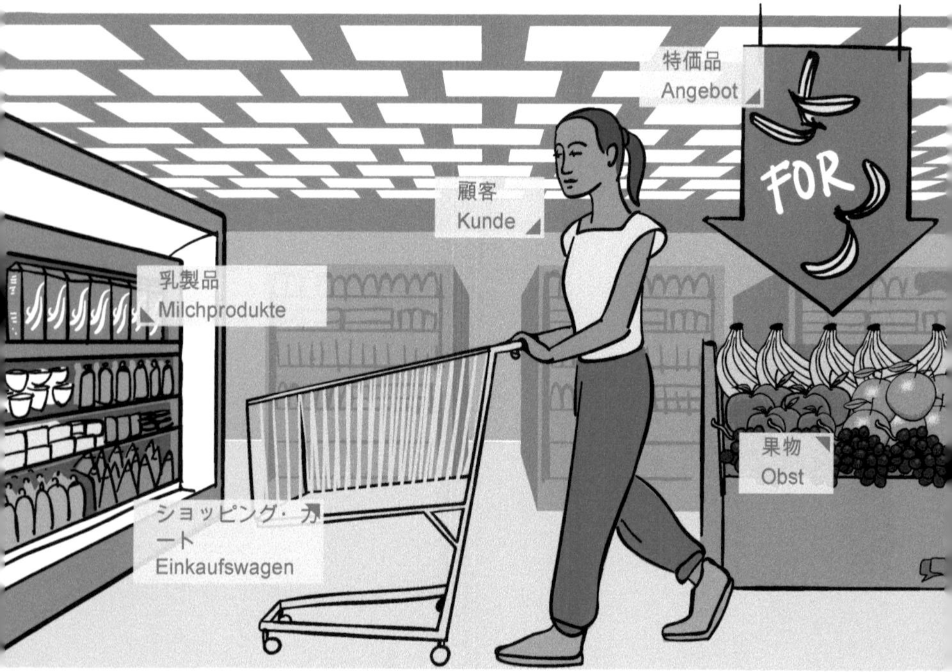

特価品
Angebot
FOR
顧客
Kunde
乳製品
Milchprodukte
果物
Obst
ショッピング・カート
Einkaufswagen

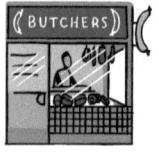

BUTCHERS

肉屋

Schlachterei

BAKERY

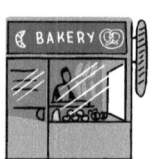

パン屋

Bäckerei

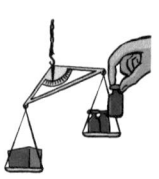

重さをはかる

wiegen

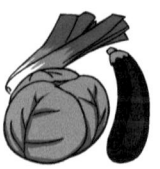

野菜

Gemüse

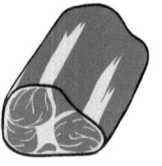

肉

Fleisch

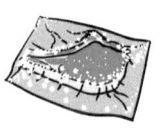

冷凍食品

Tiefkühlkost

冷肉の薄切り
Aufschnitt

缶詰食品
Konserven

洗剤
Waschmittel

菓子
Süßigkeiten

家庭用品
Haushaltsartikel

清掃用品
Reinigungsmittel

販売員
Verkäuferin

現金箱
Kasse

レジ係
Kassierer

買い物リスト
Einkaufsliste

開館時刻
Öffnungszeiten

財布
Brieftasche

クレジットカード
Kreditkarte

バッグ
Tasche

ポリ袋
Plastiktüte

スーパーマーケット - Supermarkt

水

Wasser

ジュース

Saft

牛乳

Milch

コーラ

Cola

ワイン

Wein

ビール

Bier

アルコール

Alkohol

ココア

Kakao

紅茶

Tee

コーヒー

Kaffee

エスプレッソ

Espresso

カプチーノ

Cappuccino

バナナ

Banane

リンゴ

Apfel

オレンジ

Orange

メロン

Melone

レモン

Zitrone

ニンジン

Karotte

ニンニク

Knoblauch

竹

Bambus

玉ねぎ

Zwiebel

キノコ

Pilz

ナッツ

Nüsse

ヌードル

Nudeln

スパゲッティ

Spaghetti

米

Reis

サラダ

Salat

フライドポテト

Pommes frites

フライドポテト

Bratkartoffeln

ピザ

Pizza

ハンバーガー

Hamburger

サンドウィッチ

Sandwich

カツレツ

Schnitzel

ハム

Schinken

サラミ

Salami

ソーセージ

Wurst

鶏肉

Huhn

焼き

Braten

魚

Fisch

麦のお粥

Haferflocken

ムーズリ

Müsli

コーンフレーク

Cornflakes

小麦粉

Mehl

クロワッサン

Croissant

ロールパン

Brötchen

パン

Brot

トースト

Toast

ビスケット

Kekse

バター

Butter

カッテージチーズ

Quark

ケーキ

Kuchen

卵

Ei

目玉焼き

Spiegelei

チーズ

Käse

アイスクリーム

Eiscreme

砂糖

Zucker

はちみつ

Honig

ジャム

Marmelade

ヌガークリーム

Nougat-Creme

カレー

Curry

農場

Bauernhof

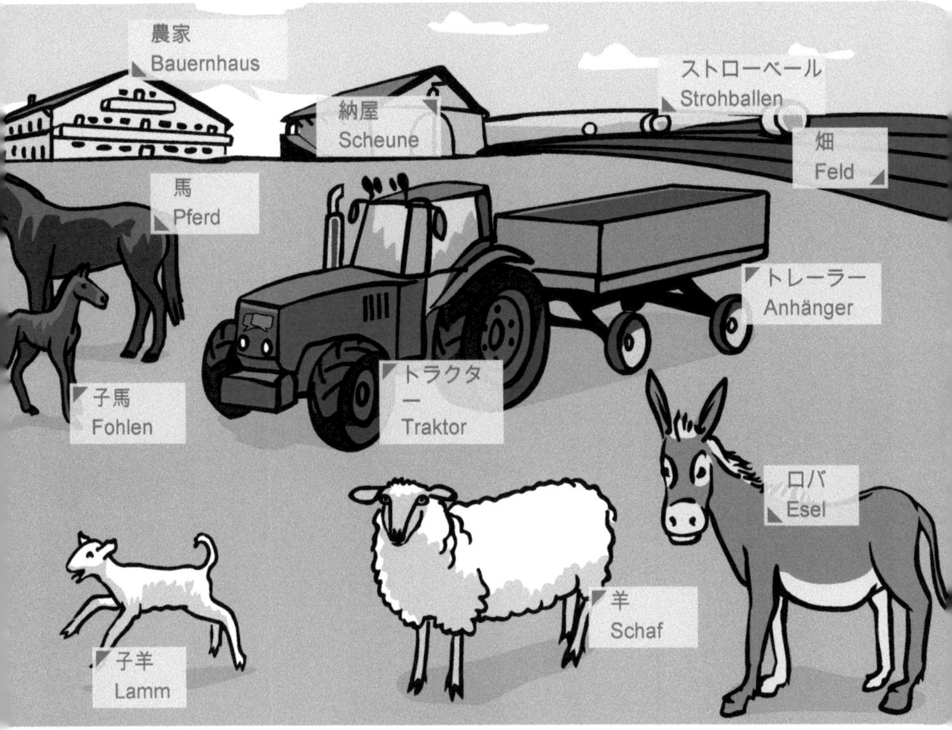

農家
Bauernhaus
納屋
Scheune
ストローベール
Strohballen
畑
Feld
馬
Pferd
トレーラー
Anhänger
子馬
Fohlen
トラクター
Traktor
ロバ
Esel
羊
Schaf
子羊
Lamm

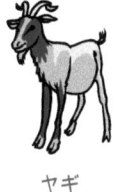

ヤギ

Ziege

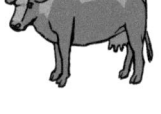

雌牛

Kuh

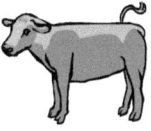

子牛

Kalb

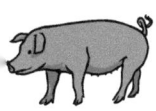

豚

Schwein

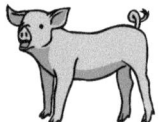

子豚

Ferkel

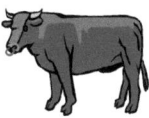

雄牛

Bulle

ガチョウ

Gans

アヒル

Ente

ひよこ

Küken

にわとり

Huhn

おんどり

Hahn

ネズミ

Ratte

猫

Katze

ねずみ

Maus

雄牛

Ochse

犬

Hund

犬小屋

Hundehütte

散水ホース

Gartenschlauch

じょうろ

Gießkanne

大鎌

Sense

すき

Pflug

草刈り鎌
Sichel

くわ
Hacke

堆肥用フォーク
Mistgabel

斧
Axt

手押し車
Schubkarre

かいばおけ
Trog

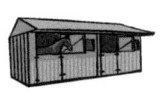

牛乳缶
Milchkanne

袋
Sack

フェンス
Zaun

畜舎
Stall

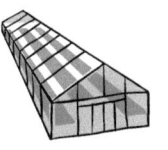

温室
Treibhaus

土壌
Boden

種
Saat

肥料
Dünger

コンバイン
Mähdrescher

収穫する

ernten

収穫

Ernte

ヤマイモ

Yamswurzel

小麦

Weizen

大豆

Soja

じゃがいも

Kartoffel

トウモロコシ

Mais

菜種

Raps

果樹

Obstbaum

キャッサバ

Maniok

穀物

Getreide

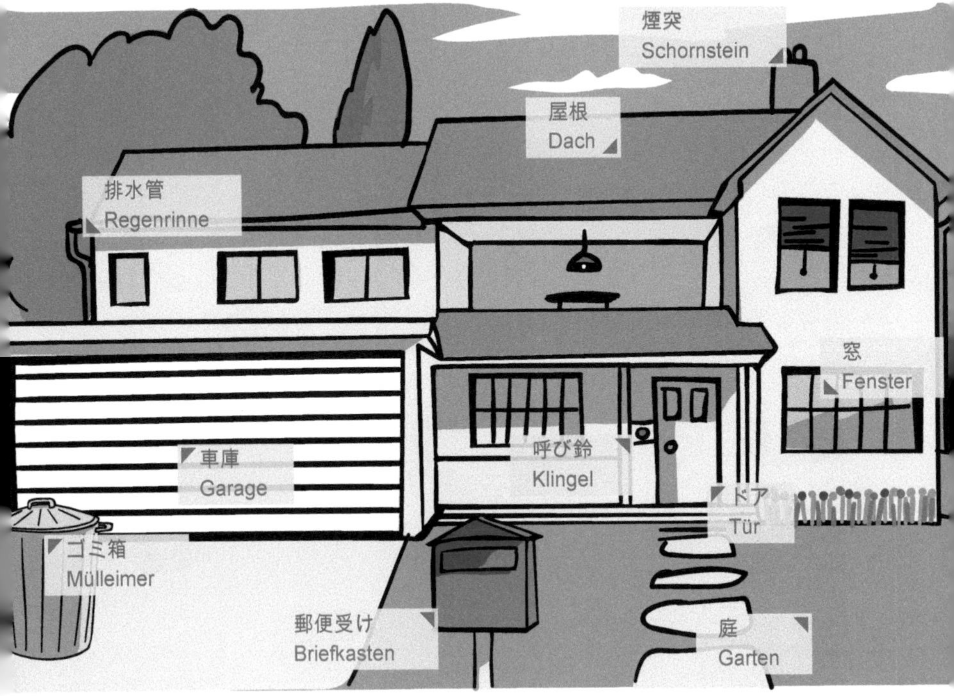

煙突
Schornstein

屋根
Dach

排水管
Regenrinne

窓
Fenster

車庫
Garage

呼び鈴
Klingel

ドア
Tür

ゴミ箱
Mülleimer

郵便受け
Briefkasten

庭
Garten

リビングルーム

Wohnzimmer

浴室

Badezimmer

台所

Küche

寝室

Schlafzimmer

子供部屋

Kinderzimmer

ダイニング・ルーム

Esszimmer

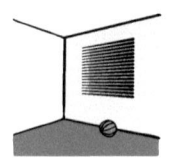
床
Boden

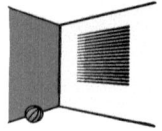
壁
Wand

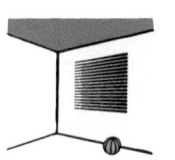
天井
Decke

地下貯蔵庫
Keller

サウナ
Sauna

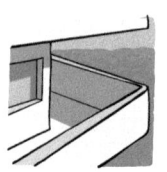
バルコニー
Balkon

テラス
Terrasse

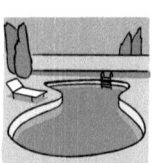
プール
Schwimmbad

芝刈り機
Rasenmäher

シーツ
Bettbezug

ベッドカバー
Bettdecke

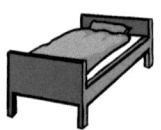
ベッド
Bett

ほうき
Besen

バケツ
Eimer

スイッチ
Schalter

リビングルーム
Wohnzimmer

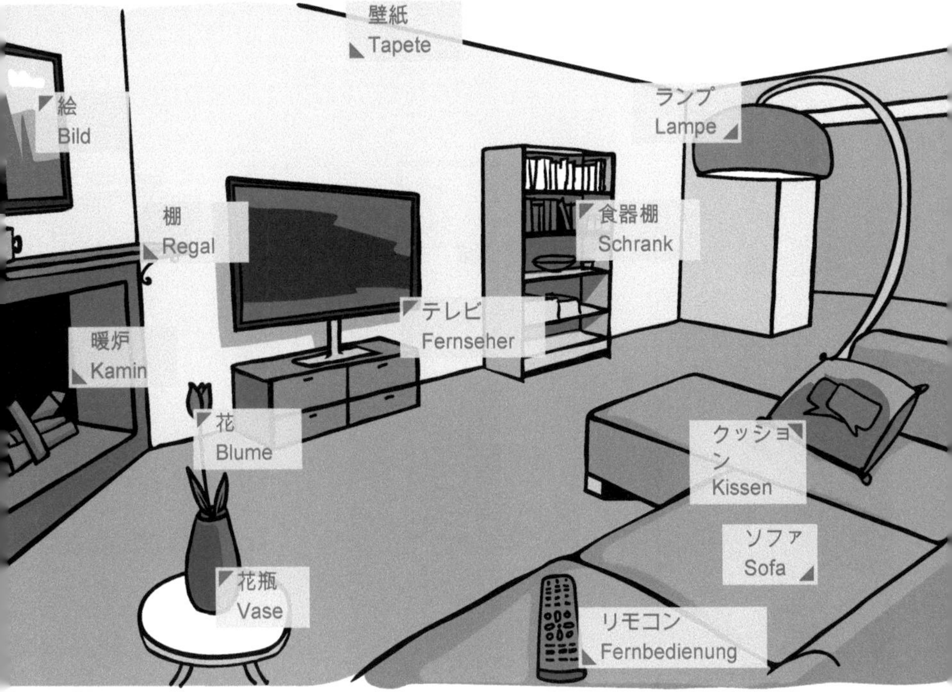

壁紙
Tapete
絵
Bild
ランプ
Lampe
棚
Regal
食器棚
Schrank
テレビ
Fernseher
暖炉
Kamin
花
Blume
クッション
Kissen
ソファ
Sofa
花瓶
Vase
リモコン
Fernbedienung

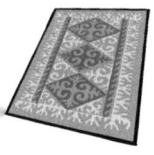

カーペット

Teppich

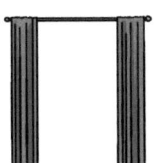

カーテン

Vorhang

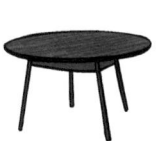

テーブル

Tisch

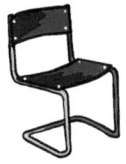

椅子

Stuhl

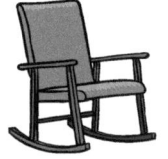

ロッキングチェア

Schaukelstuhl

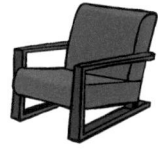

ひじ掛け椅子

Sessel

本
Buch

毛布
Decke

飾り
Dekoration

たきぎ
Feuerholz

映画
Film

ステレオ
Stereoanlage

鍵
Schlüssel

新聞
Zeitung

絵画
Gemälde

ポスター
Poster

ラジオ
Radio

メモ帳
Notizblock

掃除機
Staubsauger

サボテン
Kaktus

ろうそく
Kerze

台所

Küche

冷蔵庫
Kühlschrank
電子レンジ
Mikrowelle
調理用はかり
Küchenwaage
トースター
Toaster
洗剤
Reinigungsmittel
オーブン
Backofen
凍室
efrierfach
ゴミ箱
Mülleimer
食器洗い機
Geschirrspüler

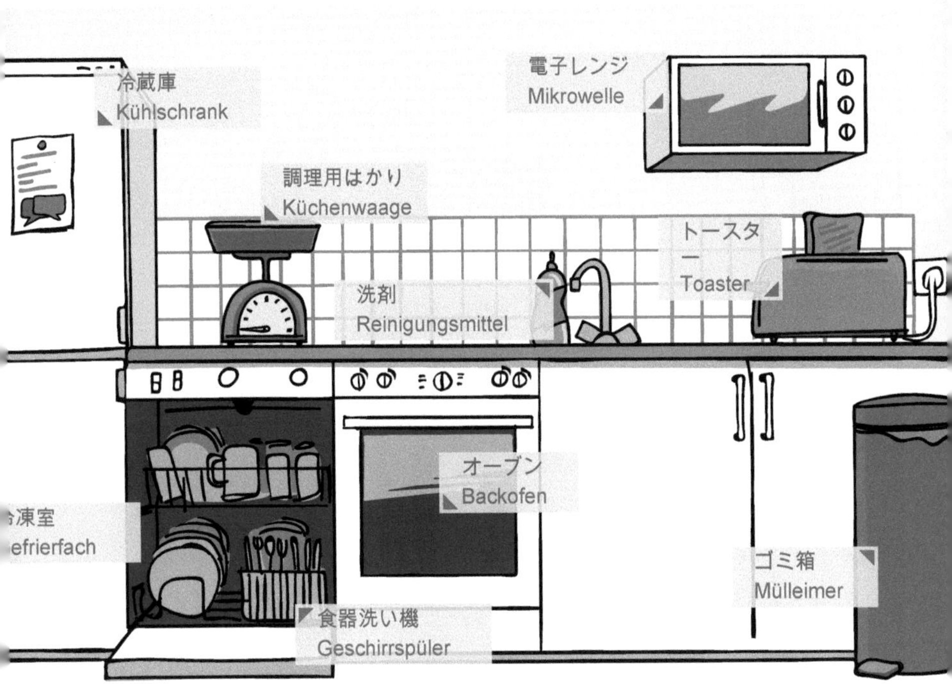

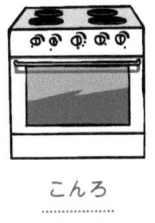

こんろ

Herd

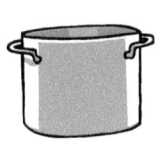

鍋

Topf

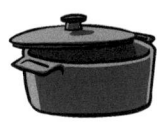

鉄鍋

Eisentopf

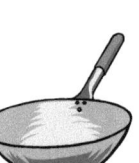

中華鍋/ カダイ鍋

Wok / Kadai

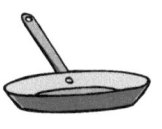

フライパン

Pfanne

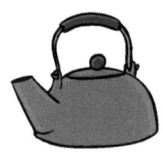

やかん

Wasserkocher

蒸し器
Dampfgarer

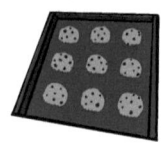

天板
Backblech

食器
Geschirr

マグカップ
Becher

ボウル
Schale

箸
Essstäbchen

おたま
Suppenkelle

へら
Pfannenwender

泡立て器
Schneebesen

こし器
Kochsieb

ふるい
Sieb

すりおろし器
Reibe

すり鉢
Mörser

バーベキュー
Grill

かまど
Feuerstelle

まな板
Schneidebrett

麺棒
Nudelholz

栓抜き
Korkenzieher

缶
Dose

缶切り
Dosenöffner

鍋つかみ
Topflappen

流し
Waschbecken

ブラシ
Bürste

スポンジ
Schwamm

ミキサー
Mixer

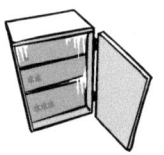

冷凍庫
Gefriertruhe

哺乳瓶
Babyflasche

蛇口
Wasserhahn

台所 - Küche

Badezimmer

シャワー
Dusche

ヒーター
Heizung

タオル
Handtuch

シャワーカーテン
Duschvorhang

泡風呂
Schaumbad

浴槽
Badewanne

グラス
Glas

洗濯機
Waschmaschine

タイル
Fliesen

蛇口
Wasserhahn

おまる
Töpfchen

流し
Waschbecken

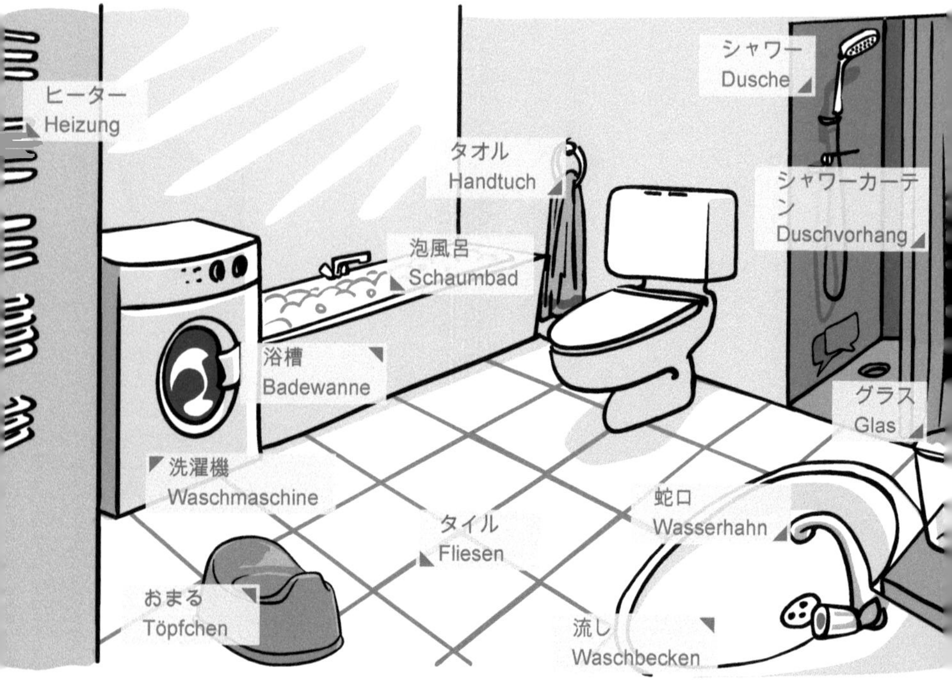

トイレ
Toilette

和式トイレ
Hocktoilette

ビデ
Bidet

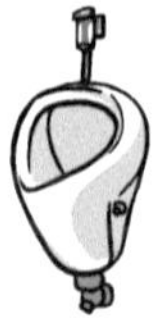

小便器
Pissoir

トイレットペーパー
Toilettenpapier

トイレブラシ
Toilettenbürste

歯ブラシ

Zahnbürste

歯みがき

Zahnpasta

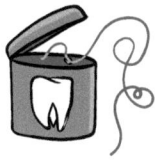

デンタルフロス

Zahnseide

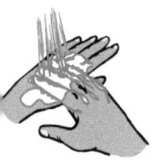

洗う

waschen

シャワーヘッド

Handbrause

ハンドビデ

Intimdusche

洗面台

Waschschüssel

ボディブラシ

Rückenbürste

石鹸

Seife

シャワー用ジェル

Duschgel

シャンプー

Shampoo

浴用タオル

Waschlappen

排水口

Abfluss

クリーム

Creme

消臭

Deodorant

浴室 - Badezimmer

鏡
Spiegel

手鏡
Kosmetikspiegel

かみそり
Rasierer

シェービング・フォーム
Rasierschaum

アフターシェーブローショ
Rasierwasser

櫛
Kamm

ブラシ
Bürste

ドライヤー
Föhn

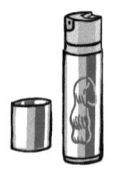

ヘアスプレー
Haarspray

化粧
Makeup

口紅
Lippenstift

マニキュア
Nagellack

脱脂綿
Watte

爪切り
Nagelschere

香水
Parfum

洗面用具入れ

Kulturbeutel

スツール

Hocker

体重計

Waage

バスローブ

Bademantel

ゴム手袋

Gummihandschuhe

タンポン

Tampon

生理用ナプキン

Damenbinde

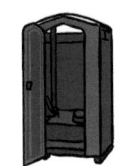

ケミカルトイレ

Chemietoilette

子供部屋
Kinderzimmer

目覚まし
時計
Wecker
ぬいぐるみ
Kuscheltier
おもちゃの自動車
Spielzeugauto
がらがら
Rassel
ドール・ハウス
Puppenhaus
プレゼント
Geschenk

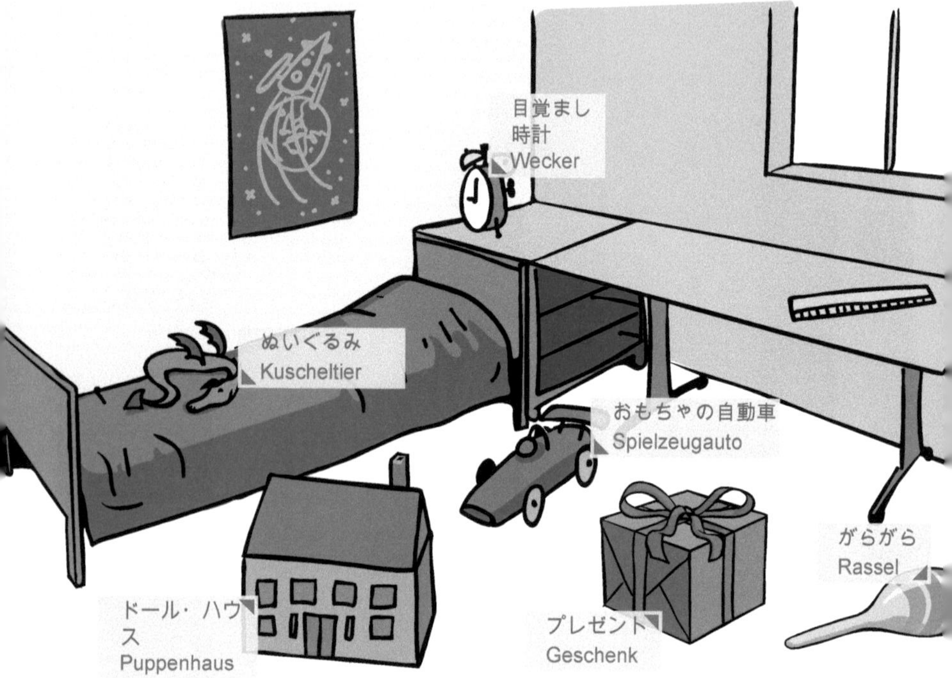

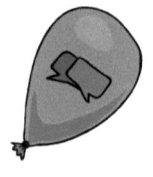

風船

Ballon

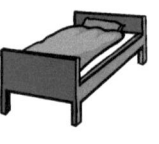

ベッド

Bett

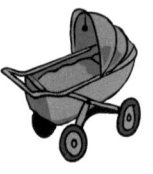

ベビーカー

Kinderwagen

カードゲーム

Kartenspiel

ジグソーパズル

Puzzle

SUPER
MEGA

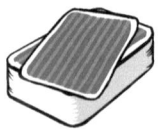

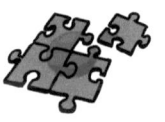

漫画

Comic

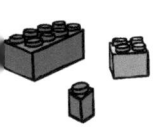

レゴ

Legosteine

玩具ブロック

Bausteine

アクションフィギュア

Action Figur

ロンパース

Strampelanzug

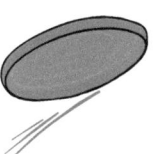

フリスビー

Frisbee

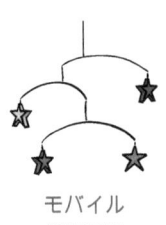

モバイル

Mobile

ボードゲーム

Brettspiel

さいころ

Würfel

鉄道模型

Modelleisenbahn

おしゃぶり

Schnuller

パーティー

Party

絵本

Bilderbuch

ボール

Ball

人形

Puppe

遊ぶ

spielen

砂場

Sandkasten

ブランコ

Schaukel

おもちゃ

Spielzeug

ゲーム機

Spielkonsole

三輪車

Dreirad

テディベア

Teddy

衣装ダンス

Kleiderschrank

衣服
Kleidung

靴下

Socken

ストッキング

Strümpfe

タイツ

Strumpfhose

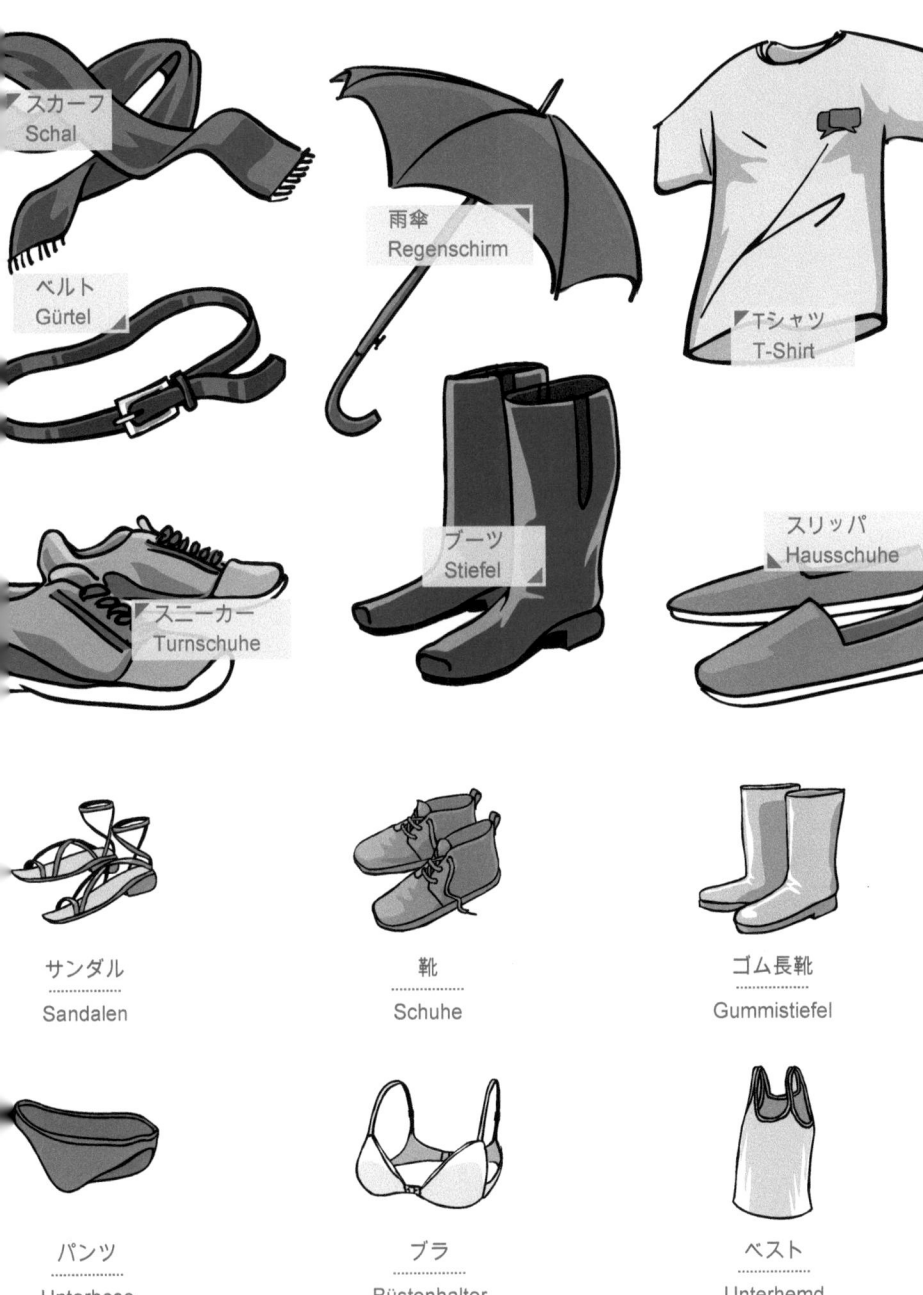

スカーフ
Schal

雨傘
Regenschirm

Tシャツ
T-Shirt

ベルト
Gürtel

スニーカー
Turnschuhe

ブーツ
Stiefel

スリッパ
Hausschuhe

サンダル
Sandalen

靴
Schuhe

ゴム長靴
Gummistiefel

パンツ
Unterhose

ブラ
Büstenhalter

ベスト
Unterhemd

ボディースーツ

Body

ズボン

Hose

ジーンズ

Jeans

スカート

Rock

ブラウス

Bluse

シャツ

Hemd

セーター

Pullover

パーカー

Kapuzenpullover

ブレザー

Blazer

ジャケット

Jacke

コート

Mantel

レインコート

Regenmantel

服装

Kostüm

ドレス

Kleid

ウェディングドレス

Hochzeitskleid

スーツ
Anzug

ナイトガウン
Nachthemd

パジャマ
Schlafanzug

サリー
Sari

ヘッドスカーフ
Kopftuch

ターバン
Turban

ブルカ
Burka

カフタン
Kaftan

アバヤ
Abaya

水着
Badeanzug

トランクス
Badehose

半ズボン
Kurze Hose

スウェットスーツ
Trainingsanzug

エプロン
Schürze

手袋
Handschuhe

ボタン

Knopf

メガネ

Brille

ブレスレット

Armband

ネックレス

Halskette

指輪

Ring

イヤリング

Ohrring

帽子

Mütze

ハンガー

Kleiderbügel

帽子

Hut

ネクタイ

Krawatte

ファスナー

Reißverschluss

ヘルメット

Helm

サスペンダー

Hosenträger

制服

Schuluniform

ユニフォーム

Uniform

よだれかけ

Lätzchen

おしゃぶり

Schnuller

おむつ

Windel

オフィス
Büro

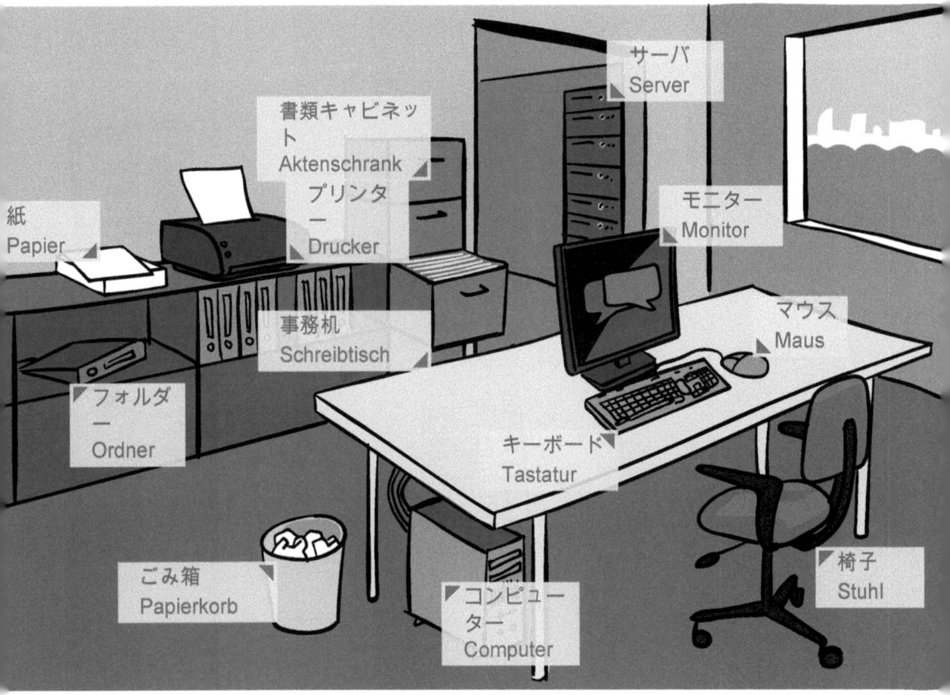

サーバ
Server

書類キャビネット
Aktenschrank

プリンター
Drucker

モニター
Monitor

紙
Papier

事務机
Schreibtisch

マウス
Maus

フォルダー
Ordner

キーボード
Tastatur

ごみ箱
Papierkorb

コンピューター
Computer

椅子
Stuhl

コーヒーマグ

Kaffeebecher

計算機

Taschenrechner

インターネット

Internet

ラップトップ

Laptop

手紙

Brief

メッセージ

Nachricht

携帯電話

Handy

ネットワーク

Netzwerk

コピー機

Kopierer

ソフトウェア

Software

電話

Telefon

コンセント

Steckdose

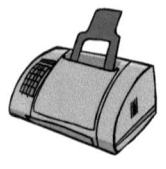

ファックス

Fax

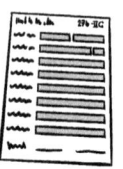

フォーム

Formular

書類

Dokument

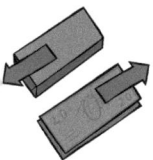

買う

kaufen

支払う

bezahlen

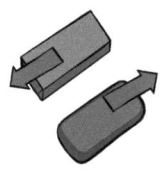

取引する

handeln

お金

Geld

 **USD**

ドル

Dollar

 **EUR**

ユーロ

Euro

 **JPY**

円

Yen

 **RUB**

ルーブル

Rubel

 **CHF**

スイスフラン

Franken

 **CNY**

人民元

Renminbi Yuan

 **INR**

ルピー

Rupie

キャッシュポイント

Geldautomat

両替所
Wechselstube

金
Gold

銀
Silber

油
Öl

エネルギー
Energie

価格
Preis

契約
Vertrag

税金
Steuer

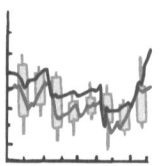

株
Aktie

働く
arbeiten

従業員
Angestellter

雇用主
Arbeitgeber

工場
Fabrik

ショップ
Geschäft

職業
Berufe

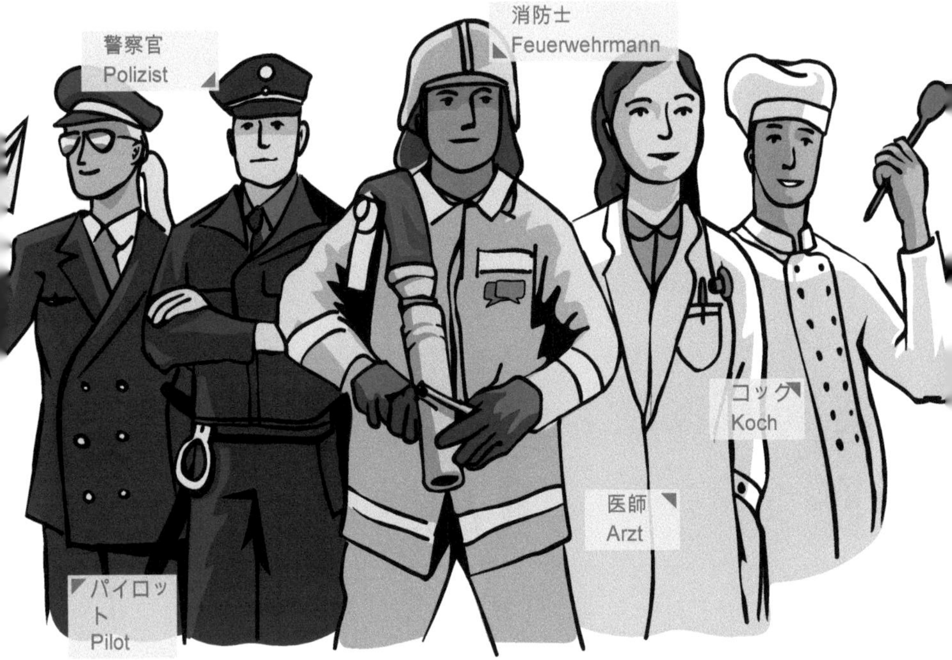

警察官
Polizist
消防士
Feuerwehrmann
コック
Koch
医師
Arzt
パイロット
Pilot

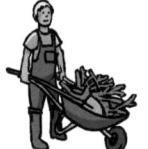

庭師

Gärtner

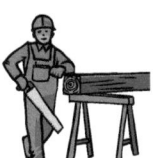

大工

Tischler

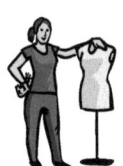

お針子

Näherin

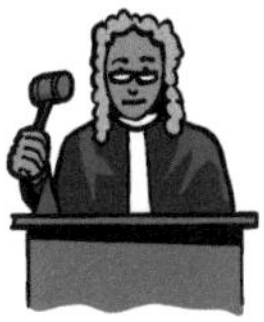

裁判官

Richter

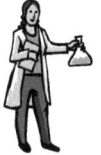

化学者

Chemiker

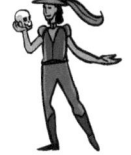

俳優

Schauspieler

バスの運転手

Busfahrer

タクシー運転手

Taxifahrer

漁師

Fischer

掃除婦

Putzfrau

屋根ふき職人

Dachdecker

ウェイター

Kellner

ハンター

Jäger

塗装工

Maler

パン屋

Bäcker

電気工

Elektriker

建設作業員

Bauarbeiter

エンジニア

Ingenieur

肉屋

Schlachter

配管工

Klempner

郵便配達人

Postbote

軍人

Soldat

建築家

Architekt

レジ係

Kassierer

花屋

Florist

美容師

Friseur

車掌

Schaffner

機械工

Mechaniker

キャプテン

Kapitän

歯科医

Zahnarzt

科学者

Wissenschaftler

ラビ

Rabbi

イスラム導師

Imam

修道士

Mönch

牧師

Geistlicher

道具

Werkzeuge

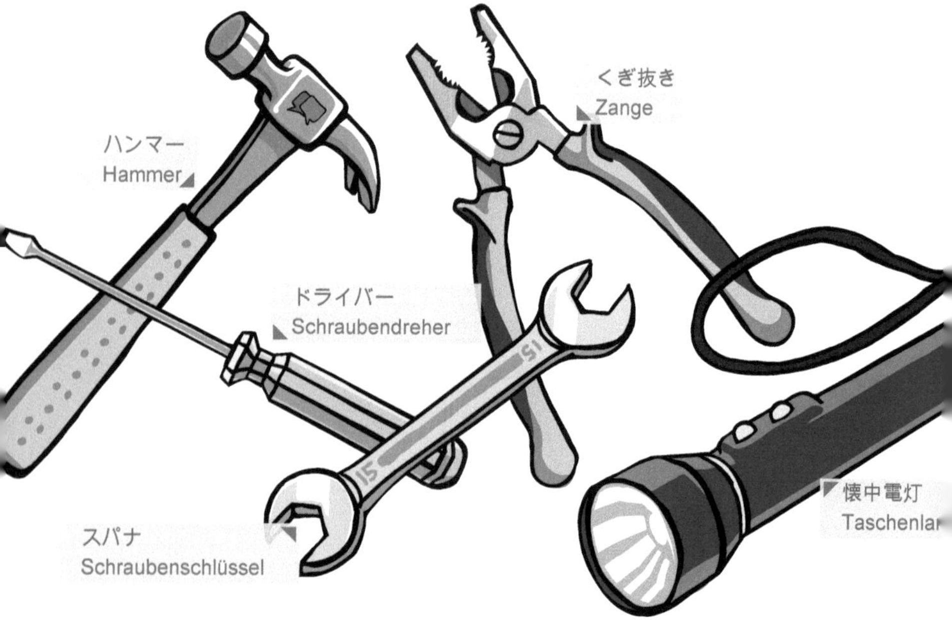
くぎ抜き
Zange
ハンマー
Hammer
ドライバー
Schraubendreher
懐中電灯
Taschenlar
スパナ
Schraubenschlüssel

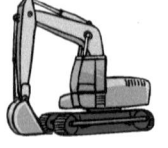

掘削機

Bagger

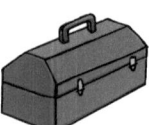

道具箱

Werkzeugkasten

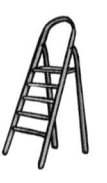

はしご

Leiter

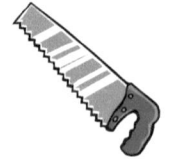

のこぎり

Säge

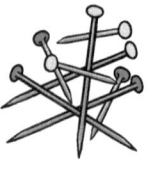

釘

Nägel

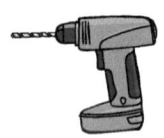

ドリル

Bohrer

修理する
reparieren

シャベル
Schaufel

クソ！
Mist!

ちりとり
Kehrblech

ペンキ缶
Farbtopf

ネジ
Schrauben

楽器
Musikinstrumente

スピーカー
Lautsprecher

打楽器
Schlagzeug

ギター
Gitarre

コントラバス
Kontrabass

トランペット
Trompete

ピアノ

Klavier

バイオリン

Violine

バス

Bass

ティンパニ

Pauke

ドラム

Trommeln

キーボード

Keyboard

サックス

Saxophon

フルート

Flöte

マイクロフォン

Mikrofon

動物園

Zoo

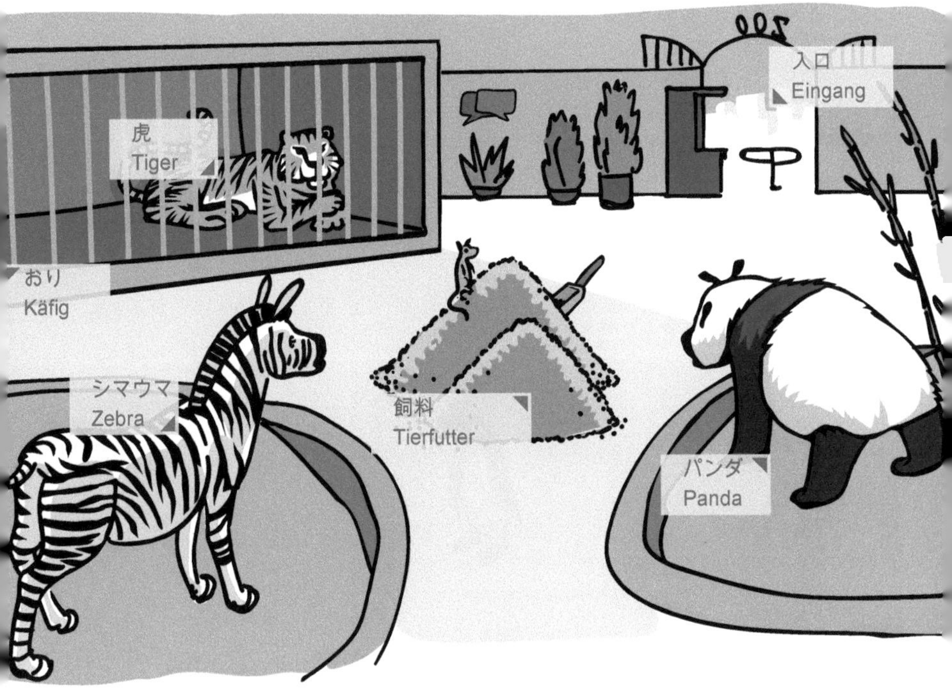

ZOO
入口
Eingang
虎
Tiger
おり
Käfig
シマウマ
Zebra
飼料
Tierfutter
パンダ
Panda

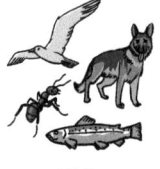

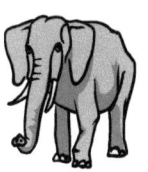

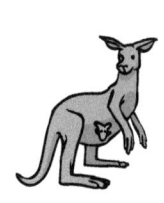

動物

Tiere

象

Elefant

カンガルー

Känguru

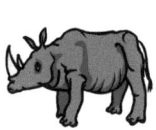

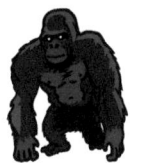

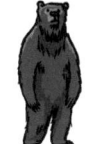

サイ

Nashorn

ゴリラ

Gorilla

熊

Bär

ラクダ

Kamel

ダチョウ

Strauß

ライオン

Löwe

猿

Affe

フラミンゴ

Flamingo

オウム

Papagei

白クマ

Eisbär

ペンギン

Pinguin

サメ

Hai

クジャク

Pfau

蛇

Schlange

ワニ

Krokodil

飼育係

Zoowärter

アザラシ

Robbe

ジャガー

Jaguar

ポニー
Pony

ヒョウ
Leopard

カバ
Nilpferd

キリン
Giraffe

鷲
Adler

雄豚
Wildschwein

魚
Fisch

亀
Schildkröte

セイウチ
Walross

狐
Fuchs

ガゼル
Gazelle

スポーツ
Sport

アメフト
American Football

サイクリング
Radfahren

テニス
Tennis

バスケットボール
Basketball

水泳
Schwimmen

ボクシング
Boxen

アイスホッケー
Eishockey

サッカー
Fußball

バドミントン
Badminton

陸上競技
Leichtathletik

ハンドボール
Handball

スキー
Skilaufen

ポロ
Polo

笑う
lachen

ぶ
ringen

抱きしめる
umarmen

歩く
gehen

歌う
singen

夢見る
träumen

祈る
beten

キス
küssen

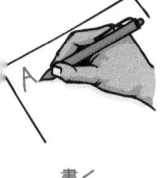

書く
schreiben

描く
zeichnen

示す
zeigen

押す
drücken

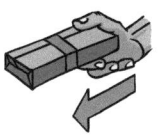

与える
geben

取る
nehmen

持っている
haben

する
tun

ある
sein

立つ
stehen

走る
laufen

引く
ziehen

投げる
werfen

落ちる
fallen

横たわっている
liegen

待つ
warten

運ぶ
tragen

座る
sitzen

着る
anziehen

眠る
schlafen

目が覚める
aufwachen

見る
ansehen

泣く
weinen

なでる
streicheln

櫛ですく
kämmen

話す
reden

理解する
verstehen

質問する
fragen

聞く
hören

飲む
trinken

食べる
essen

片づける
aufräumen

愛する
lieben

料理する
kochen

運転する
fahren

飛ぶ
fliegen

ヨットに乗る

segeln

計算する

rechnen

読む

lesen

学ぶ

lernen

働く

arbeiten

結婚する

heiraten

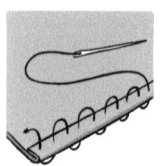

縫う

nähen

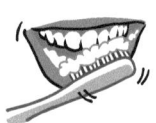

歯を磨く

Zähne putzen

殺す

töten

喫煙する

rauchen

送る

senden

家族

Familie

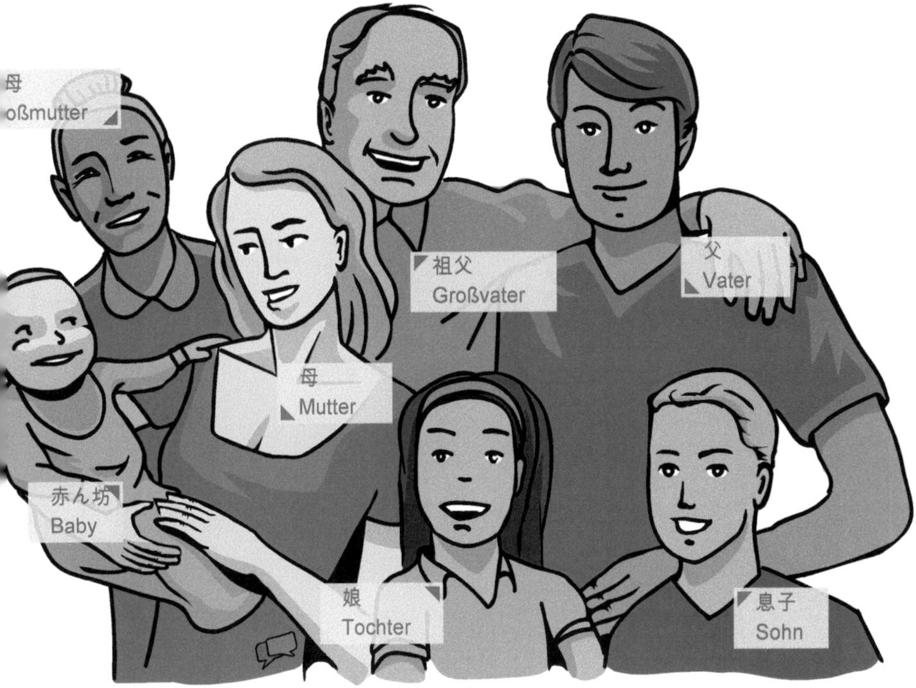

母
oßmutter
祖父
Großvater
父
Vater
母
Mutter
赤ん坊
Baby
娘
Tochter
息子
Sohn

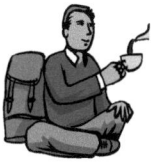

お客様

Gast

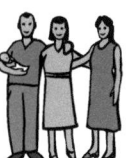

おば

Tante

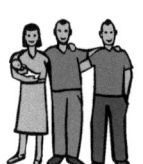

おじ

Onkel

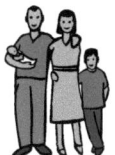

兄弟

Bruder

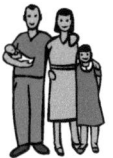

姉妹

Schwester

体
Körper

ひたい
Stirn
目
Auge
肩
Schulter
指
Finger
顔
Gesicht
あご
Kinn
手
Hand
脚
Bein
胸
Brust
腕
Arm

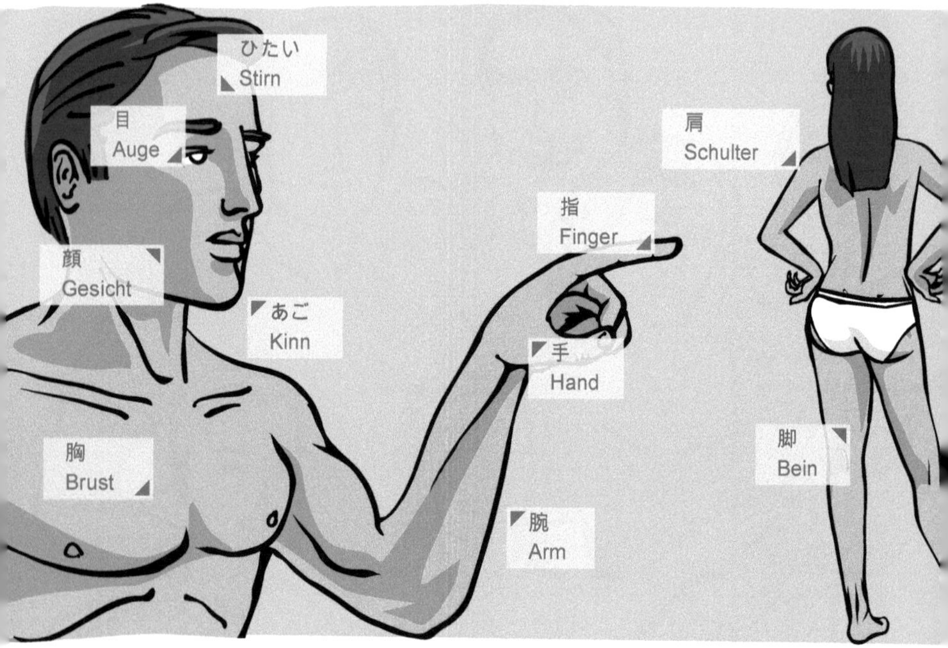

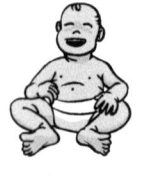

赤ん坊

Baby

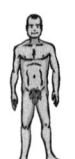

男性

Mann

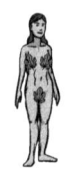

女性

Frau

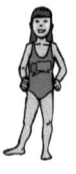

少女

Mädchen

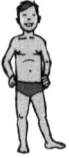

少年

Junge

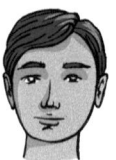

頭

Kopf

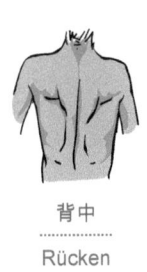

背中
Rücken

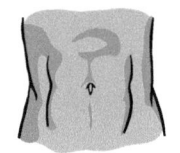

腹
Bauch

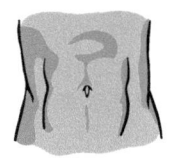

へそ
Nabel

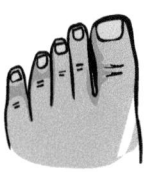

足指
Zeh

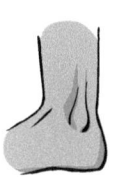

かかと
Ferse

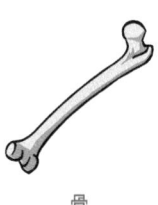

骨
Knochen

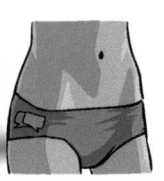

腰
Hüfte

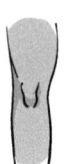

ひざ
Knie

ひじ
Ellenbogen

鼻
Nase

尻
Gesäß

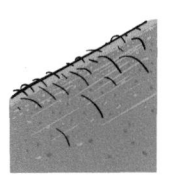

皮膚
Haut

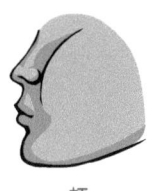

頬
Wange

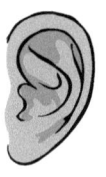

耳
Ohr

唇
Lippe

口
Mund

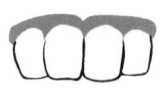

歯
Zahn

舌
Zunge

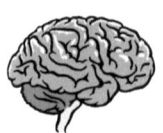

脳
Gehirn

心臓
Herz

筋肉
Muskel

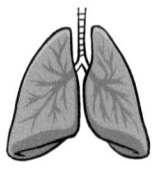

肺
Lunge

肝臓
Leber

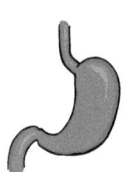

胃
Magen

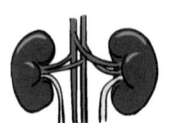

腎臓
Nieren

セックス
Geschlechtsverkehr

コンドーム
Kondom

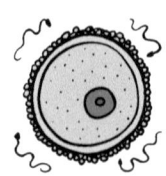

卵細胞
Eizelle

精液
Sperma

妊娠
Schwangerschaft

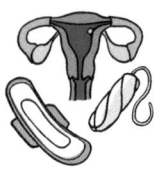

月経

Menstruation

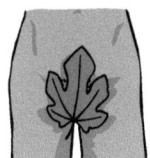

膣

Vagina

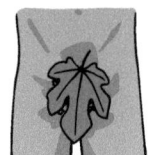

ペニス

Penis

眉

Augenbraue

髪

Haar

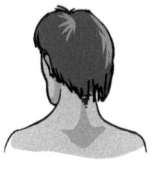

首

Hals

病院
Krankenhaus

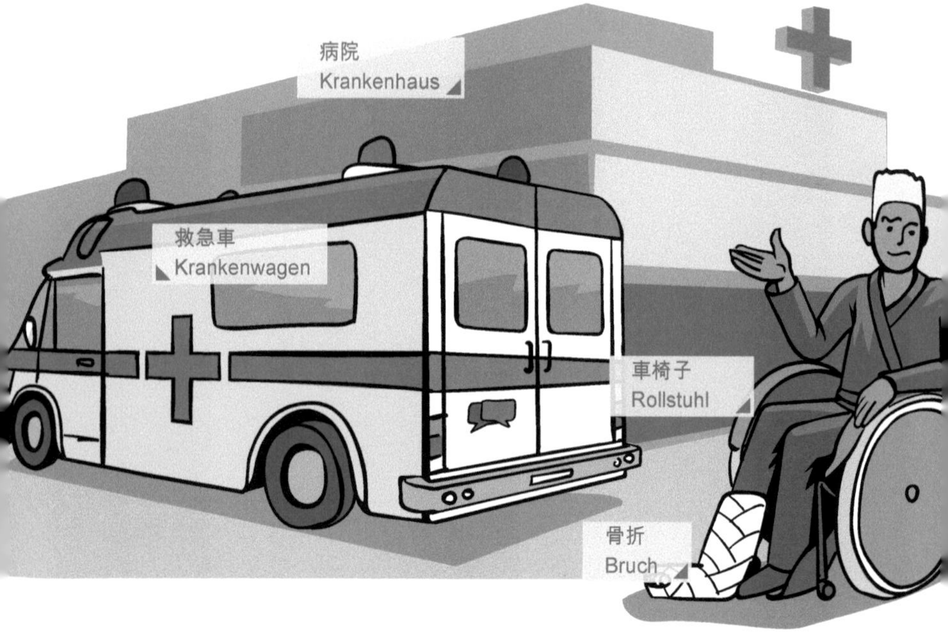

病院
Krankenhaus
救急車
Krankenwagen
車椅子
Rollstuhl
骨折
Bruch

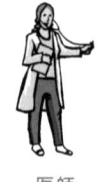

医師
Arzt

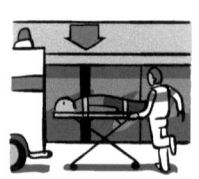

救急治療室
Notaufnahme

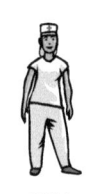

看護師
Krankenschwester

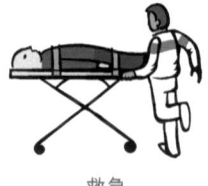

救急
Notfall

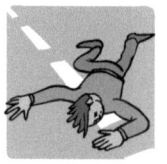

失神
ohnmächtig

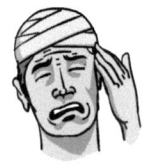

痛み
Schmerz

けが
Verletzung

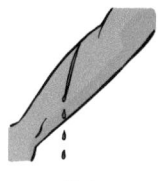

出血
Blutung

心臓発作
Herzinfarkt

脳卒中
Schlaganfall

アレルギー
Allergie

咳
Husten

熱
Fieber

インフルエンザ
Grippe

下痢
Durchfall

頭痛
Kopfschmerzen

癌
Krebs

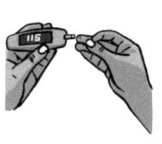

糖尿病
Diabetis

外科医
Chirurg

外科用メス
Skalpell

手術
Operation

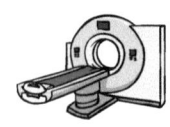

CT
CT

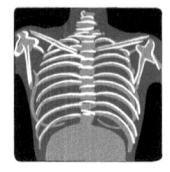

レントゲン
Röntgen

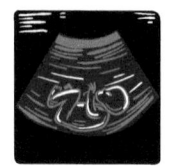

超音波
Ultraschall

マスク
Maske

病気
Krankheit

待合室
Wartezimmer

松葉づえ
Krücke

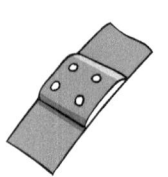

ばんそうこう
Pflaster

包帯
Verband

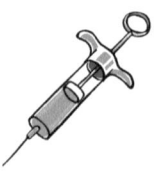

注射
Injektion

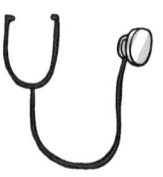

聴診器
Stethoskop

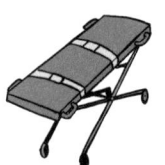

担架
Trage

体温計
Thermometer

出産
Geburt

肥満
Übergewicht

補聴器

Hörgerät

消毒剤

Desinfektionsmittel

感染

Infektion

ウイルス

Virus

HIV / エイズ

HIV / AIDS

内服薬

Medizin

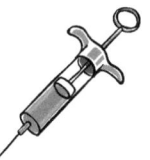

予防接種

Impfung

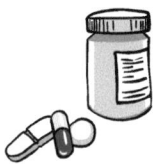

錠剤

Tabletten

ピル

Pille

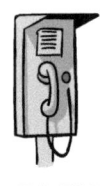

緊急電話

Notruf

血圧計

Blutdruck-Messgerät

病気の ／ 健康な

krank / gesund

助けて！

Hilfe!

アラーム

Alarm

暴行

Überfall

攻撃

Angriff

危険

Gefahr

非常口

Notausgang

火事だ！

Feuer!

消火器

Feuerlöscher

事故

Unfall

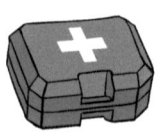

救急箱

Erste-Hilfe-Koffer

SOS

SOS

警察

Polizei

ヨーロッパ

Europa

北米

Nordamerika

南米

Südamerika

アフリカ

Afrika

アジア

Asien

オーストラリア

Australien

大西洋

Atlantik

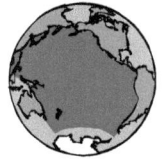

太平洋

Pazifik

インド洋

Indischer Ozean

南極海

ntarktischer Ozean

北極海

Arktischer Ozean

北極

Nordpol

南極
Südpol

南極大陸
Antarktis

地球
Erde

陸
Land

海
Meer

島
Insel

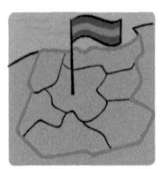

国家
Nation

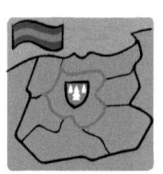

国家
Staat

文字盤

Zifferblatt

短針

Stundenzeiger

長針

Minutenzeiger

秒針

Sekundenzeiger

何時ですか？

Wie spät ist es?

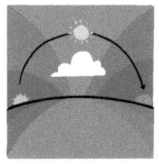

日

Tag

時間

Zeit

現在

jetzt

デジタル時計

Digitaluhr

分

Minute

時間

Stunde

週

Woche

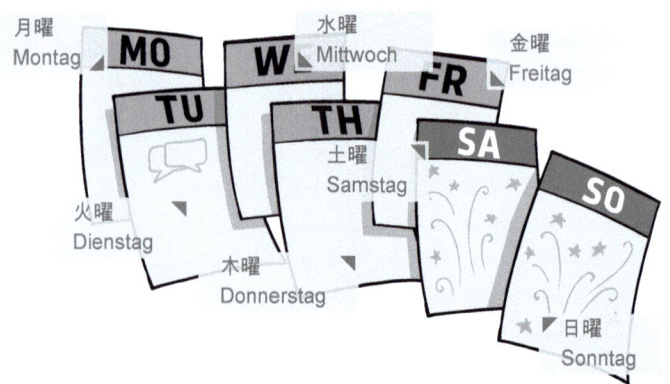

月曜
Montag — MO

火曜
Dienstag — TU

水曜
Mittwoch — W

木曜
Donnerstag — TH

土曜
Samstag — SA

金曜
Freitag — FR

日曜
Sonntag — SO

昨日
....
gestern

今日
....
heute

明日
....
morgen

朝
....
Morgen

昼
....
Mittag

夜
....
Abend

営業日
....
Arbeitstage

週末
....
Wochenende

雨
Regen

虹
Regenbogen

風
Wind

雪
Schnee

春
Frühling

夏
Sommer

秋
Herbst

冬
Winter

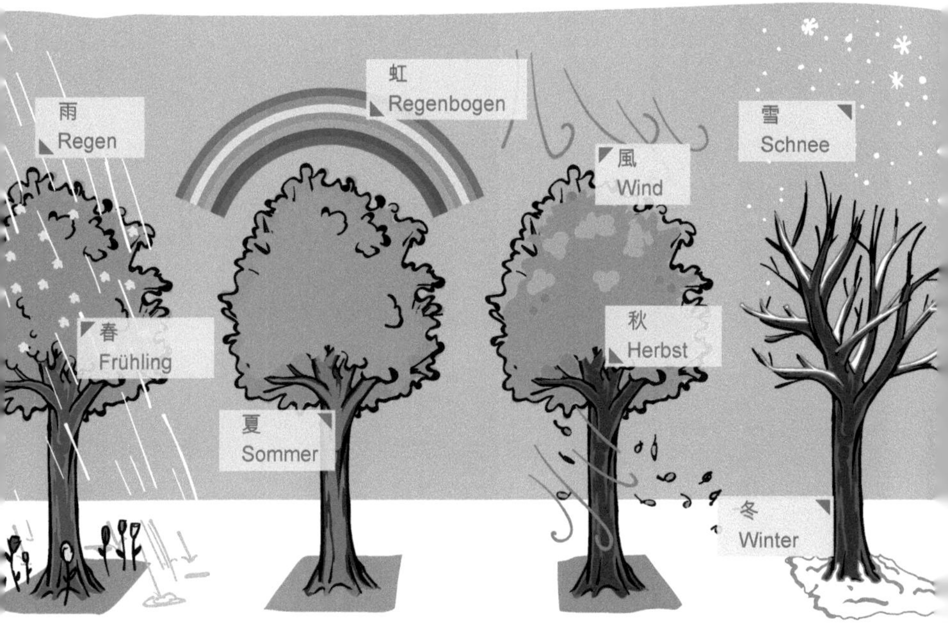

天気予報

Wettervorhersage

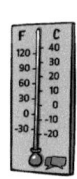

温度計

Thermometer

日差し

Sonnenschein

雲

Wolke

霧

Nebel

湿度

Luftfeuchtigkeit

雷

Blitz

雷

Donner

嵐

Sturm

ひょう

Hagel

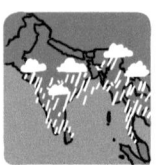

季節風

Monsun

洪水

Flut

氷

Eis

1月

Januar

2月

Februar

3月

März

4月

April

5月

Mai

6月

Juni

7月

Juli

8月

August

9月
....
September

10月
....
Oktober

11月
....
November

12月
....
Dezember

形

Formen

円
....
Kreis

正方形
....
Quadrat

長方形
....
Rechteck

三角
....
Dreieck

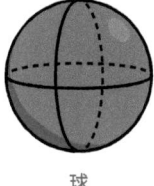

球
....
Kugel

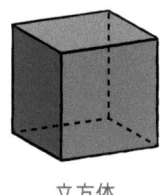

立方体
....
Würfel

色

Farben

白
....
weiß

黄
....
gelb

オレンジ
....
orange

ピンク
....
pink

赤
....
rot

紫
....
lila

青
....
blau

緑
....
grün

茶
....
braun

灰色
....
grau

黒
....
schwarz

多い / 少ない
viel / wenig

怒っている /
落ち着いている
wütend / friedlich

美しい / 醜い
hübsch / hässlich

初め / 終わり
Anfang / Ende

大きい / 小さい
groß / klein

明るい / 暗い
hell / dunkel

兄弟 / 姉妹
Bruder / Schwester

清潔な / 汚い
sauber / schmutzig

完全な / 不完全な
vollständig / unvollständig

日中 / 夜
Tag / Nacht

死んだ / 生きている
tot / lebendig

幅広い / 狭い
breit / schmal

食べられる　/
食べられない
genießbar / ungenießbar

悪意のある　/　親切な
böse / freundlich

興奮している　/
退屈じている
aufgeregt / gelangweilt

太った　/　痩せた
dick / dünn

最初に　/　最後に
zuerst / zuletzt

友人　/　敵
Freund / Feind

いっぱいの　/　空の
voll / leer

硬い　/　柔らかい
hart / weich

重い　/　軽い
schwer / leicht

空腹　/　喉の渇き
Hunger / Durst

病気の　/　健康な
krank / gesund

違法な　/　合法な
illegal / legal

賢い　/　愚かな
intelligent / dumm

左に　/　右に
links / rechts

近い　/　遠い
nah / fern

新しい / 中古の

neu / gebraucht

何もない / 何かある

nichts / etwas

老いた / 若い

alt / jung

オン / オフ

an / aus

開いている /
閉まっている
offen / geschlossen

静かな / うるさい

leise / laut

裕福な / 貧乏な

reich / arm

正しい / 間違っている

richtig / falsch

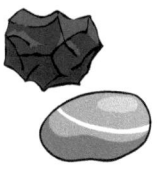

粗い / なめらか

rau / glatt

悲しい / 幸せな

traurig / glücklich

短い / 長い

kurz / lang

ゆっくり / 速い

langsam / schnell

濡れた / 乾いた

nass / trocken

温かい / 冷たい

warm / kühl

戦争 / 平和

Krieg / Frieden

Zahlen

0

ゼロ

null

1

1

eins

2

2

zwei

3

3

drei

4

4

vier

5

5

fünf

6

6

sechs

7

7

sieben

8

8

acht

9

9

neun

10

10

zehn

11

11

elf

12

12

zwölf

13

13

dreizehn

14

14

vierzehn

15

15

fünfzehn

16

16

sechzehn

17

17

siebzehn

18

18

achtzehn

19

19

neunzehn

20

20

zwanzig

100

100

hundert

1.000

1000

tausend

1.000.000

100万

million

英語

Englisch

アメリカ英語

Amerikanisches Englisch

中国標準語

Chinesisch Mandarin

ヒンディー語

Hindi

スペイン語

Spanisch

フランス語

Französisch

アラビア語

Arabisch

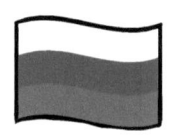

ロシア語

Russisch

ポルトガル語

Portugiesisch

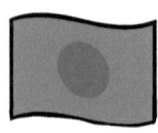

ベンガル語

Bengalisch

ドイツ語

Deutsch

日本語

Japanisch

私

ich

あなた

du

彼 / 彼女 / それ

er / sie / es

私たち

wir

あなたたち

ihr

彼ら

sie

誰？

wer?

何？

was?

どうやって？

wie?

どこ？

wo?

いつ？

wann?

名前

Name

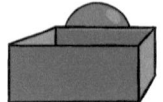

後ろ
hinter

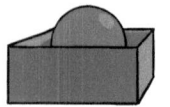

中
in

前
vor

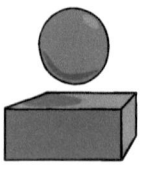

上
über

上
auf

下
unter

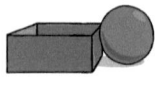

横
neben

間
zwischen

場所
Ort